animorphia

FISCHER

Gezeichnet von

Kerby Rosanes

Dieses Buch gehört

Dank an Hannah Thornton dafür, dass sie so ein großartiger Talentscout ist

MIX
Papier aus verantwortungsvollen Quellen
FSC® C084279

Erschienen bei FISCHER Taschenbuch,
Frankfurt am Main, März 2016

First published in Great Britain in 2015 by LOM Art,
an imprint of Michael O'Mara Books Limited,
9 Lion Yard, Tremadoc Road, London SW4 7NQ

Redaktion: Jonny Marx
Design: Zoe Bradley

Für die deutschsprachige Ausgabe:

Umschlaggestaltung: bürosüd°, München unter Verwendung
der Gestaltung von Angie Allison und John Bigwood
Satz: Fotosatz Amann, Memmingen
Druck und Bindung: Print Consult GmbH, München
Printed in Czech Republic
ISBN 978-3-596-03664-6

Willkommen zu meinem atemberaubenden Ausmalabenteuer!

Lass dich mitnehmen in eine konturenscharfe, fein gezeichnete Doodle-Welt, in der sich fremde Wesen in phantastische Tiere und betörende Bestien verwandeln. Jede der detailreichen Zeichnungen ist mit Fineliner angefertigt und wartet darauf, von dir farbig ausgemalt zu werden. Es gibt auch Doodle-Seiten, die du vervollständigen, verändern oder ausschmücken kannst.
Über die Seiten verstreut sind eine Menge ungewöhnliche Dinge. Halte die Augen offen und suche nach ihnen. Du findest eine Liste der versteckten Schätze am Ende des Buches – und natürlich auch alle Auflösungen.

Kerby Rosanes

Erschaffe weitere Wesen, die auf den Wellen reiten.

Fülle die Hörner des Steinbocks mit Doodles.

PANIK!

Setze neue Muster auf die Flügel der Schmetterlinge.

JOKER

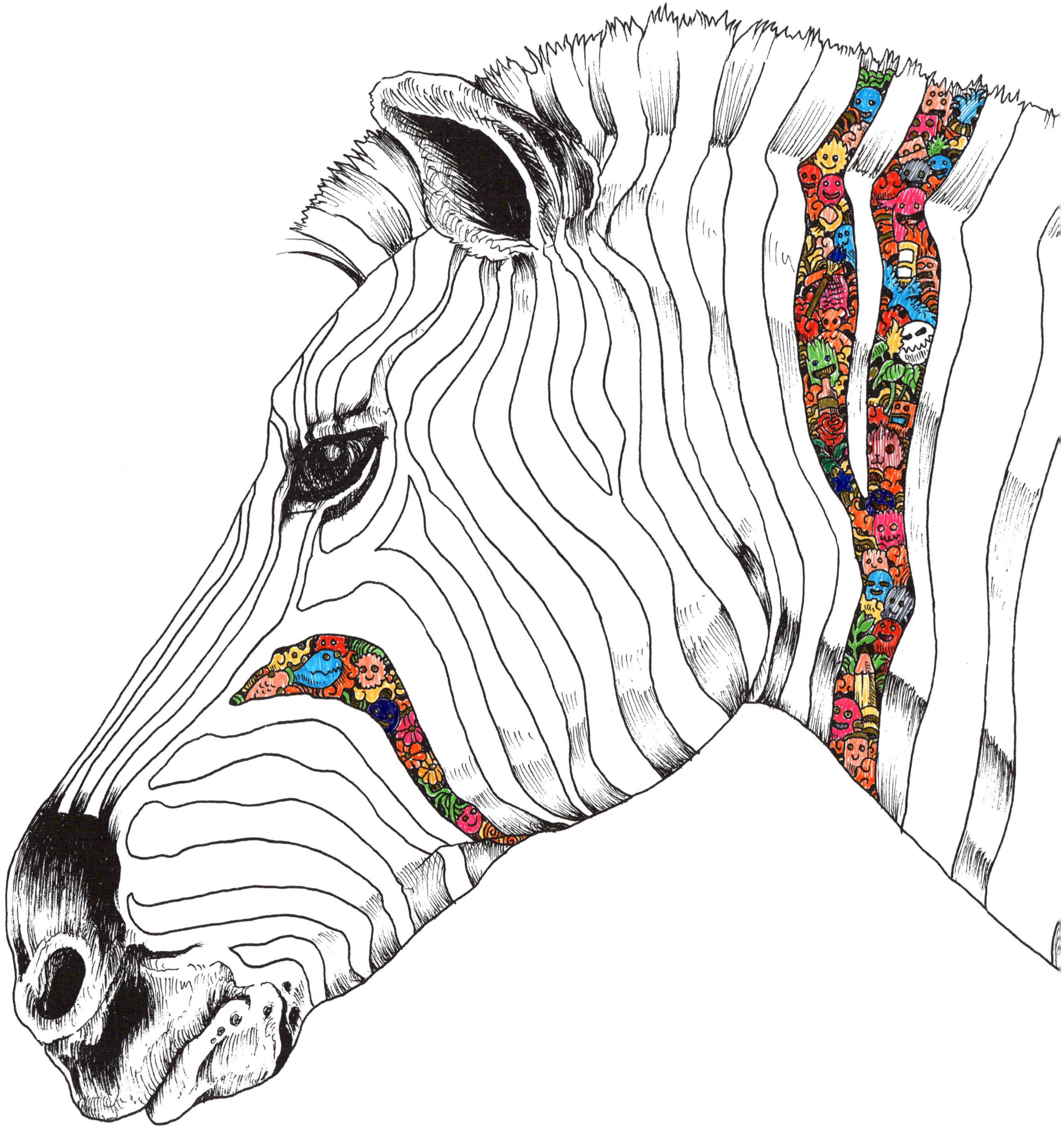

Vervollständige die Streifen des Zebras.

Ergänze die Mähne
des Löwen.

Fülle die Seite mit Fledermäusen.

Schmücke die Schildkröten mit bunten Panzern.

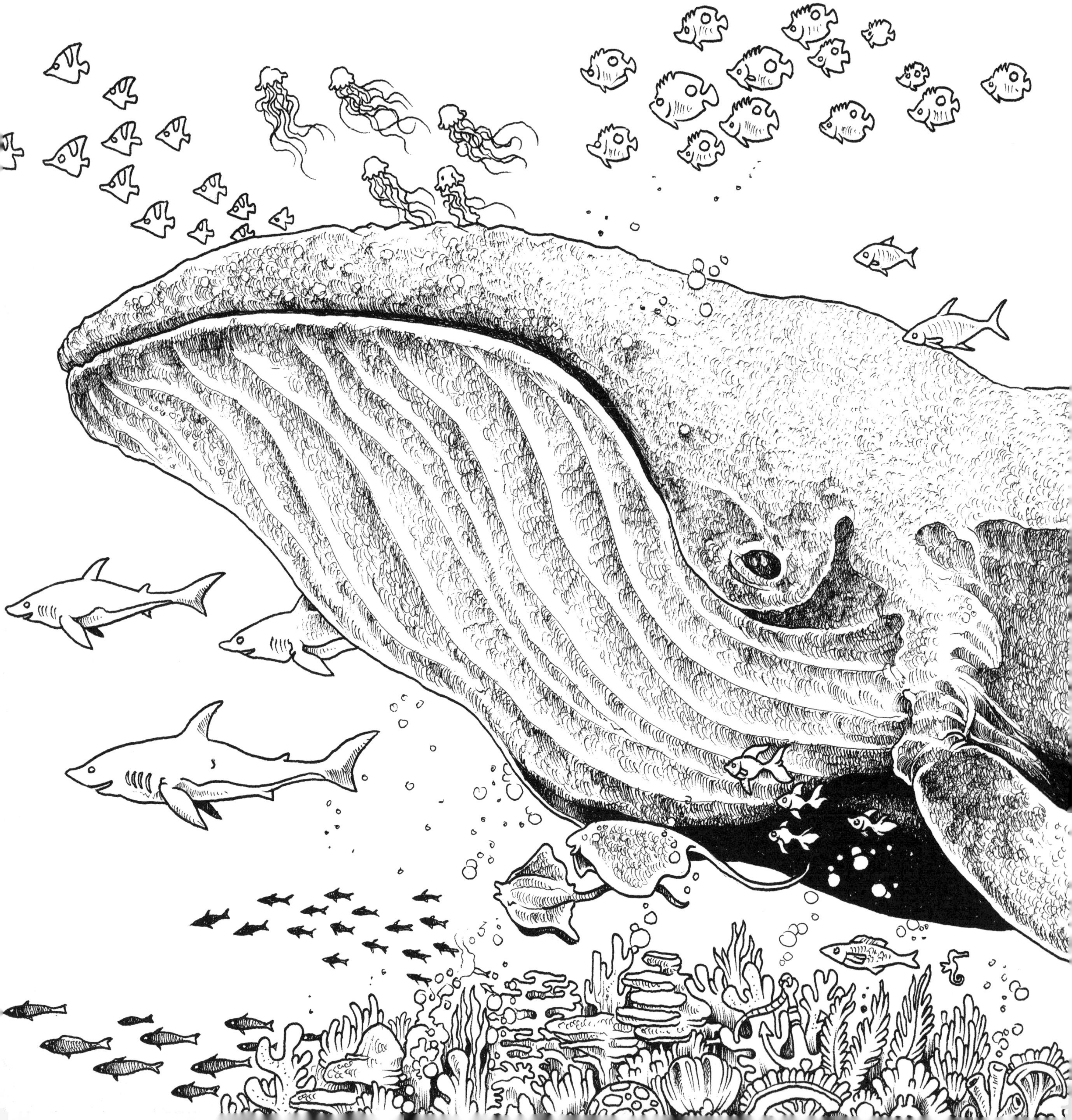

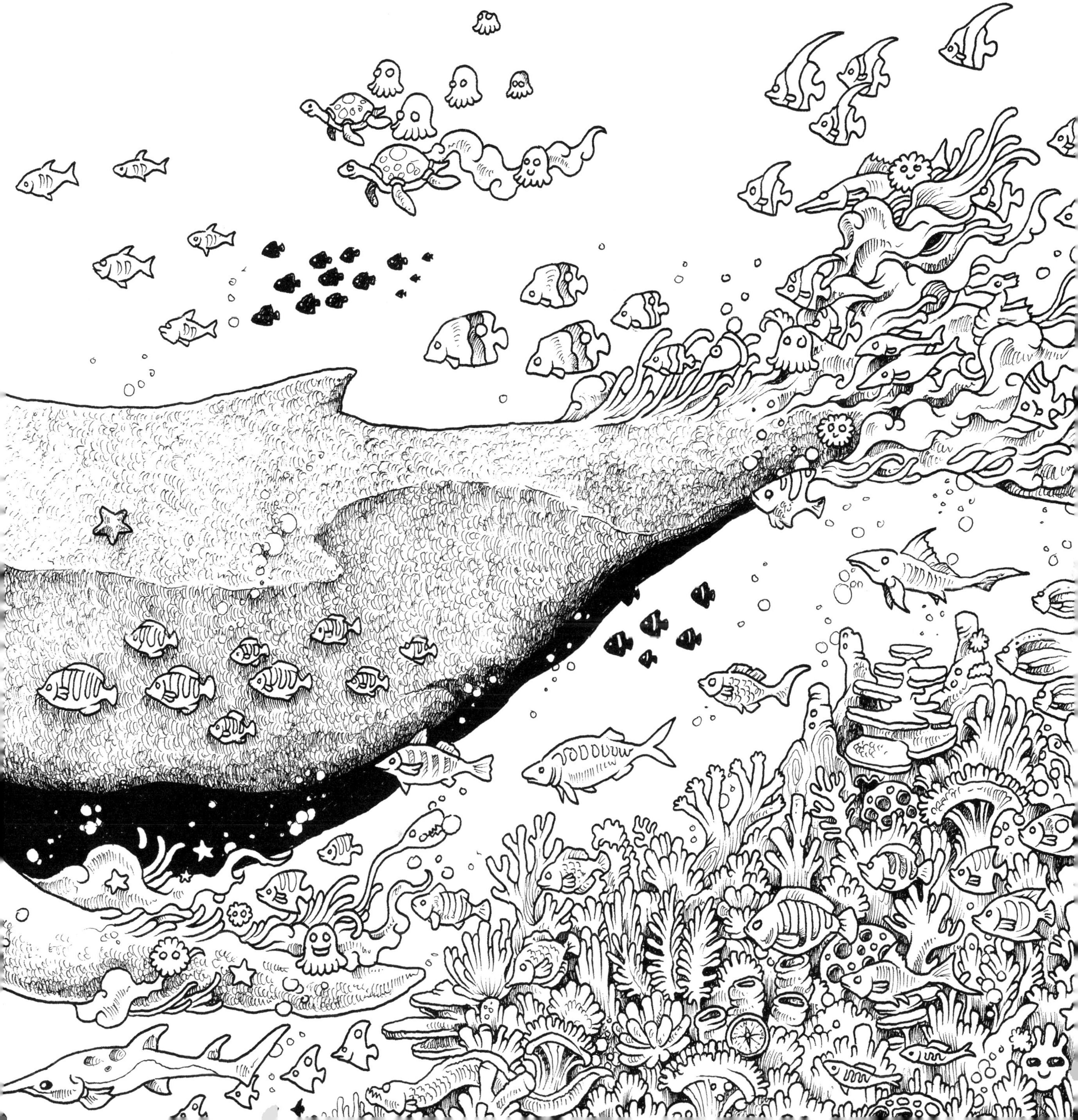

Verziere den Elefanten
mit feinen Mustern.

Doodle weitere Krähen.

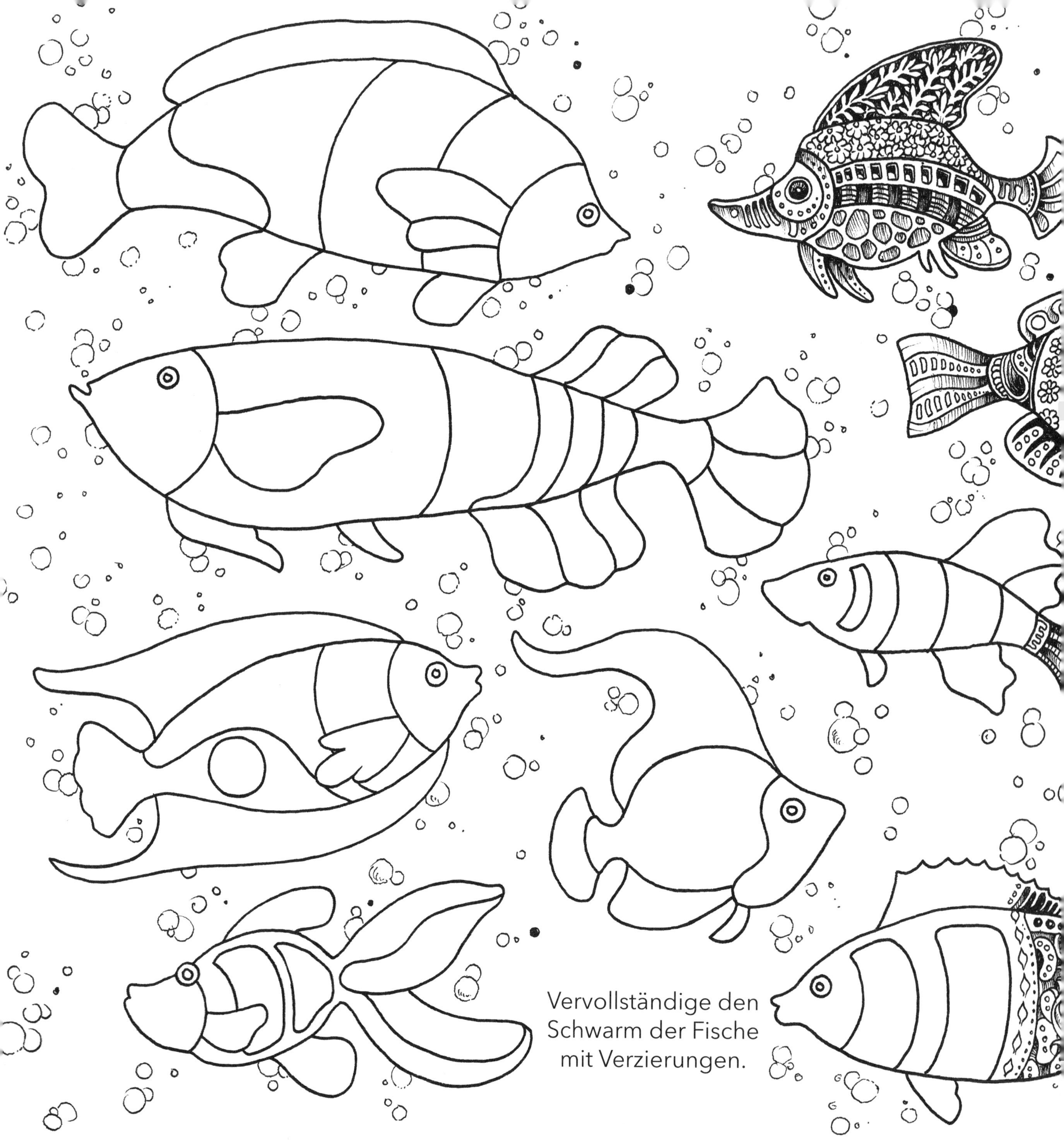

Vervollständige den
Schwarm der Fische
mit Verzierungen.

Zeichne weitere Quallen,
um die Seite zu füllen.

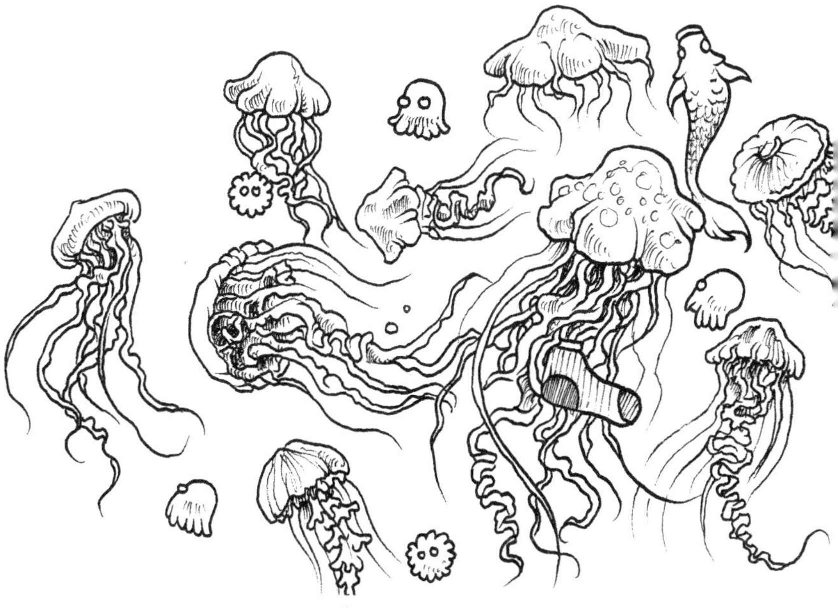

Schmücke die
Federn.

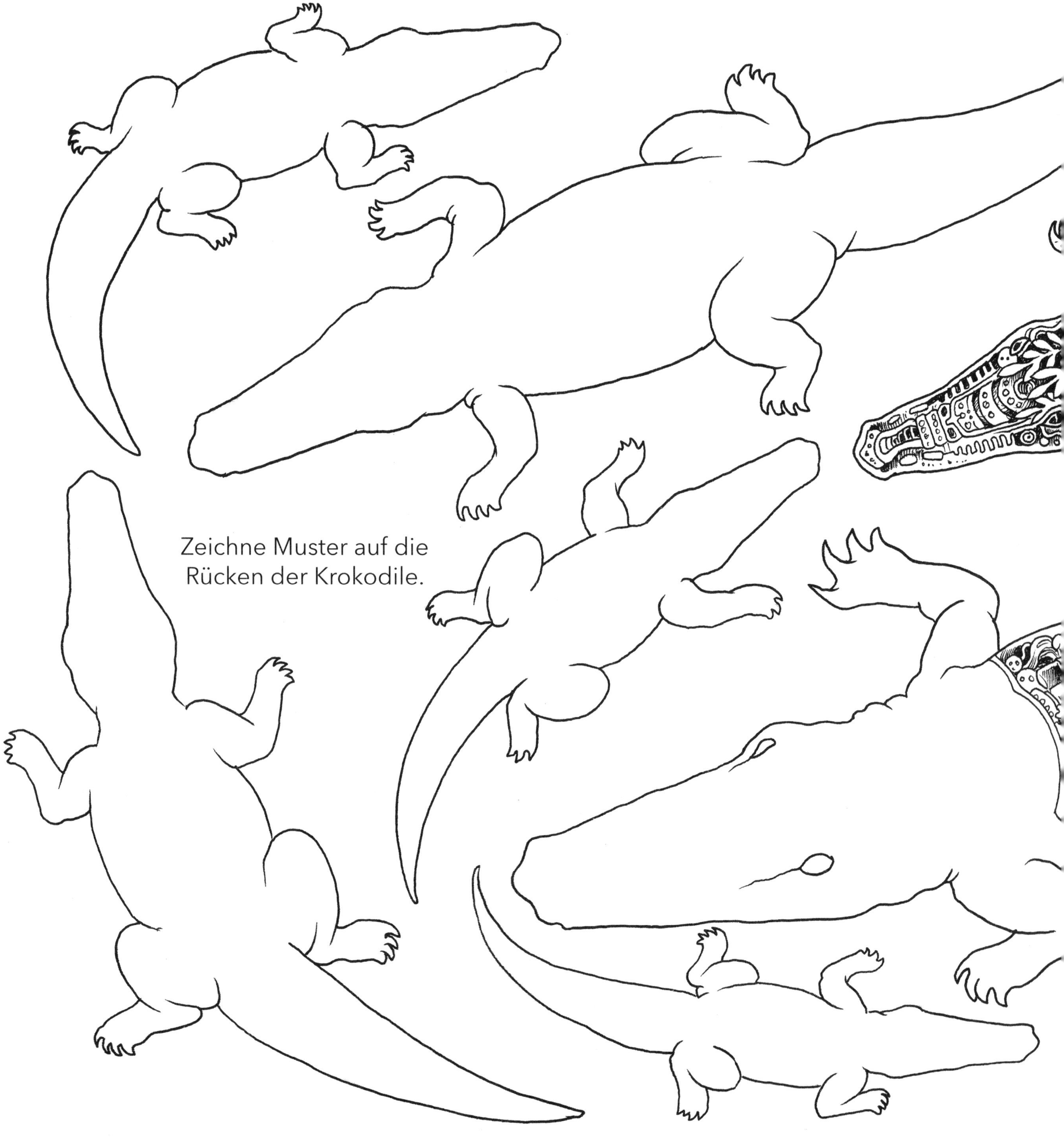

Zeichne Muster auf die
Rücken der Krokodile.

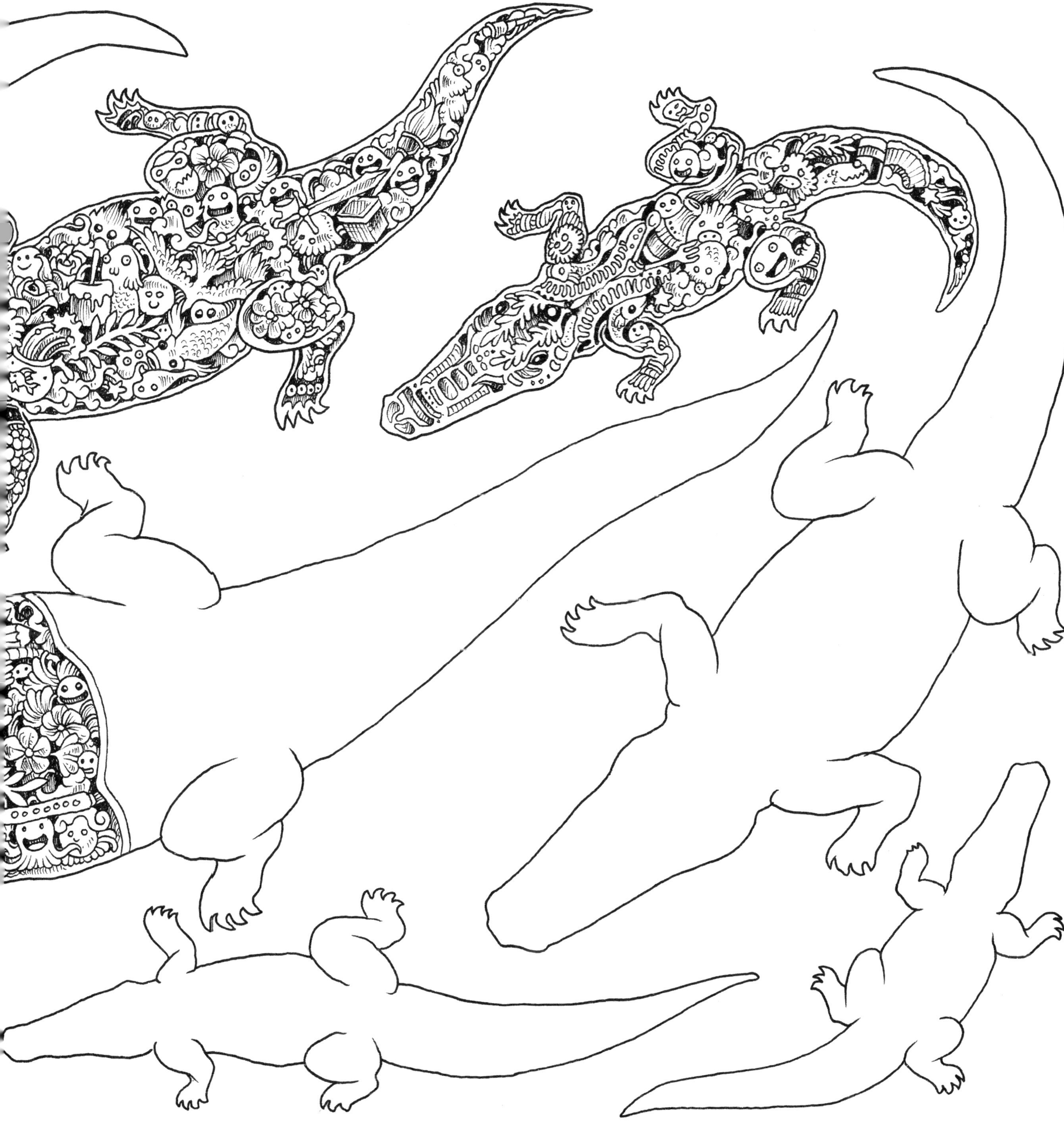

Vervollständige
diesen Schwarm
von Schwertwalen.

Zeichne weitere Bienen,
die zu den Blüten fliegen.

Kannst du diese Dinge, Elemente und Wesen im Buch finden?

Wenn du sie entdeckt hast, male die Darstellungen auf den nächsten Seiten bunt aus.

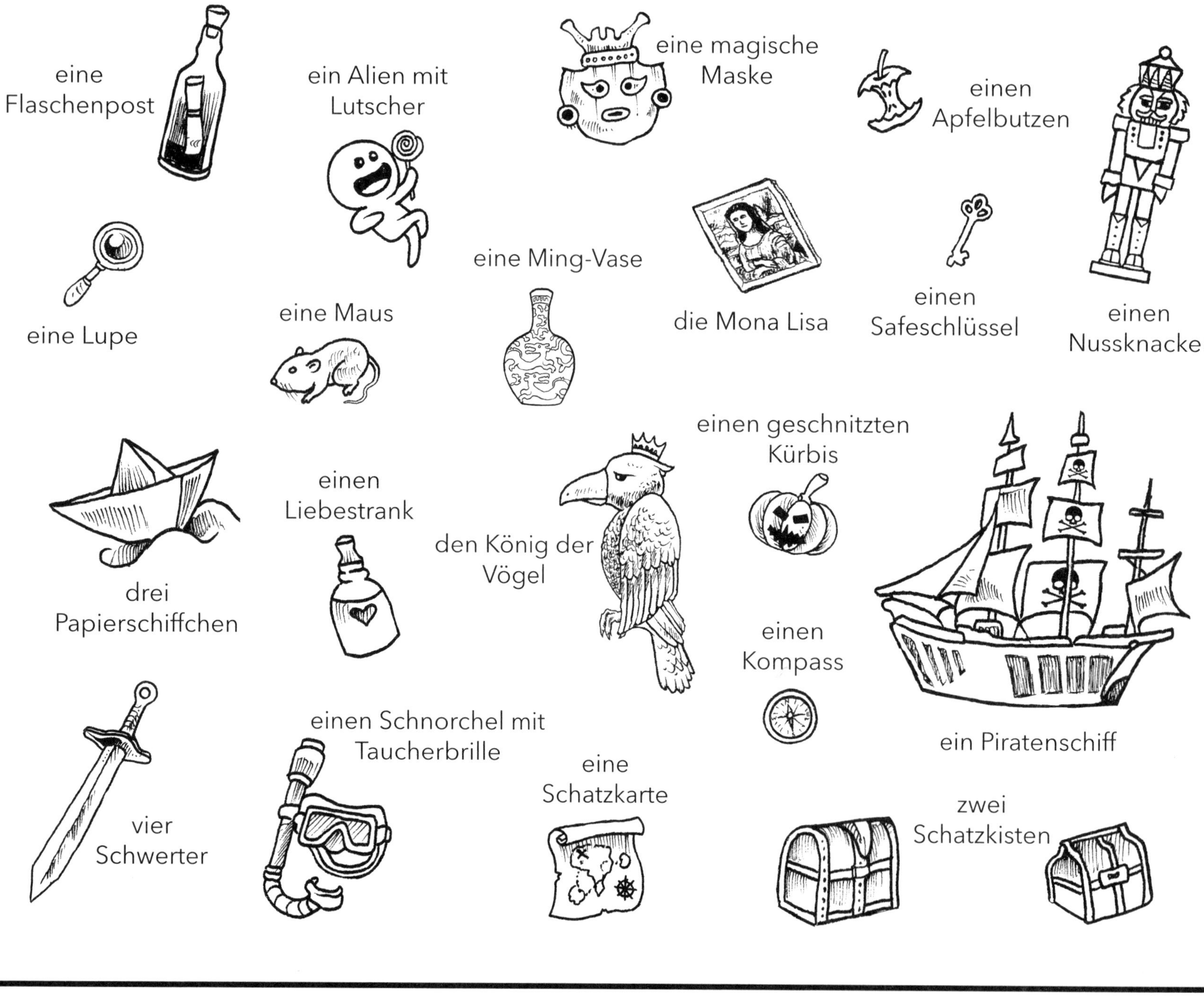

einen altmodischen Fernseher
sieben Basketbälle
ein Tier, das mit diesem Spielzeugauto spielt
ein Vampir-Alien
einen Laufschuh
den König der Kriechtiere
einen Goldfisch in seinem Glas
eine Geige
ein gleitschirm-fliegender Alien
einen Tischtennis-schläger
den Krokohund
eine Sonnenbrille
einen Füller
vier Zauberwürfel
eine Versteinerung
eine Sanduhr
diese Puppe
eine Socke
diese Wurfpfeile
einen Würfel
ein Zauberbuch
einen Liebesbrief
eine Briefmarke
diese große Spinne
einen alten Stiefel
fünf offene Schirme
eine Rakete
ein Elvis-Alien

zwei surfende Aliens
ein glitzerndes Armband
den König der Säugetiere
eine Schriftrolle
einen Fußball
eine angsteinflößende Puppe
eine Armbanduhr, getragen von einem Tier
eine Trommel mit Stöcken
einen missmutigen Tausendfüßler
diesen Kobold
Karo-Ass
Pik-Ass
Kreuz-Ass
Herz-Ass
ein Hexen-Alien
Karo-König
Kreuz-König
Pik-König
Herz-König
einen Jo-Jo
einen Laptop
Karo-Dame
Pik-Dame
Kreuz-Dame
Herz-Dame
den Joker im Kartenspiel
ein Dinosaurier-ei

Alle Auflösungen

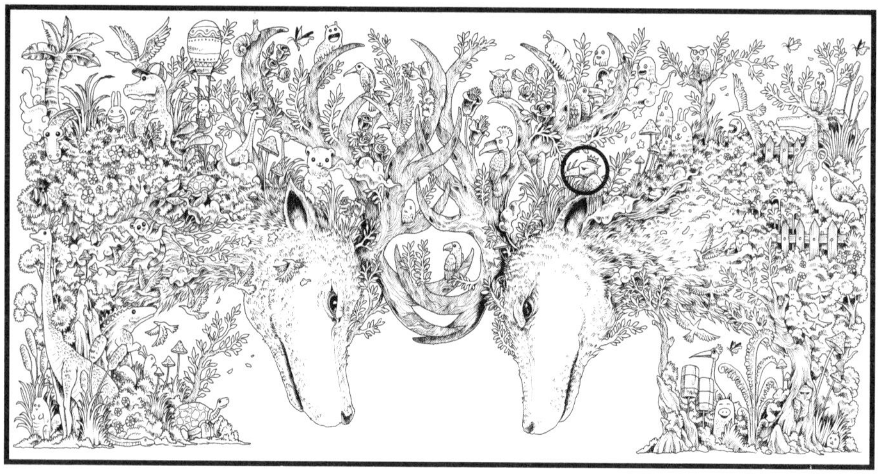

Der König der Vögel

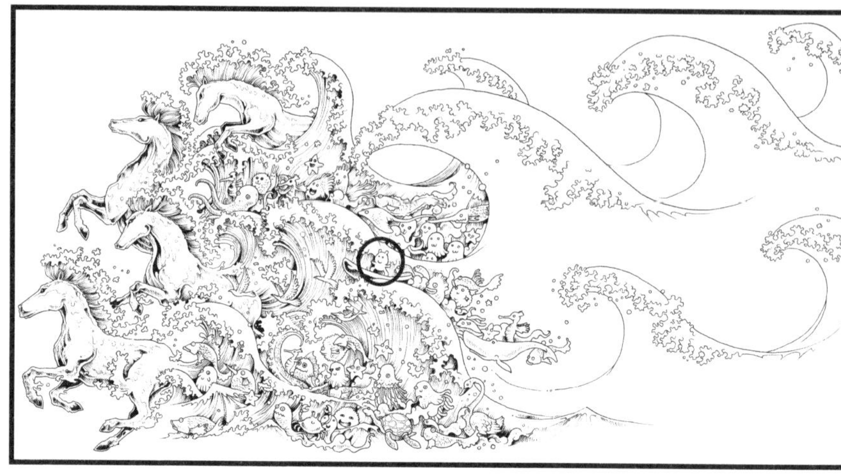

Ein surfender Alien

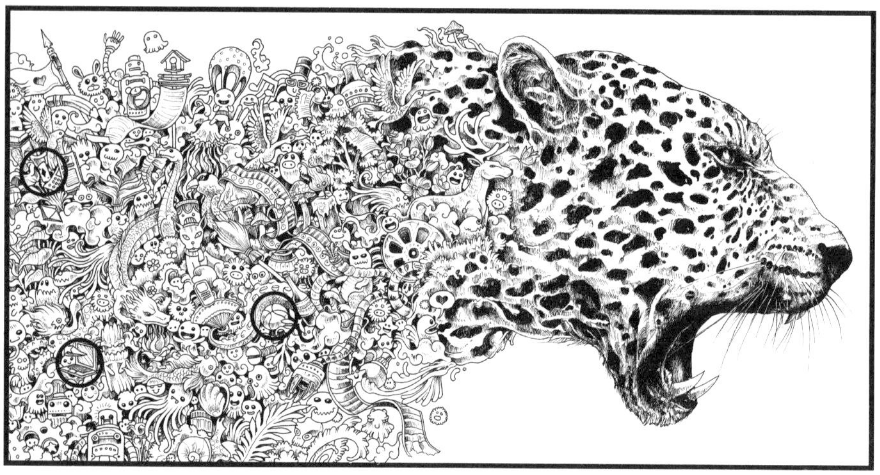

Das Karo-Ass, ein Laptop und ein Basketball

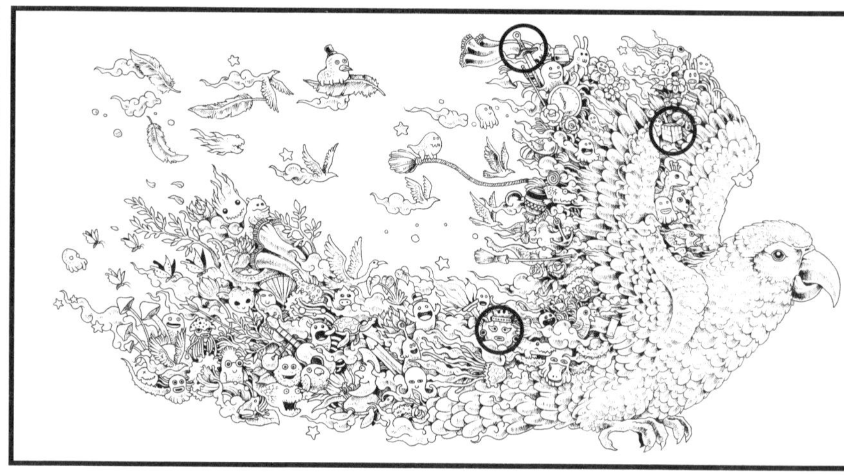

Eine magische Maske, ein Zauberwürfel und ein Schwert

Eine Schatzkarte

Das Herz-Ass, ein Laufschuh und ein Basketball

n geschnitzter Kürbis, ein Zauberbuch und ein Zauberwürfel

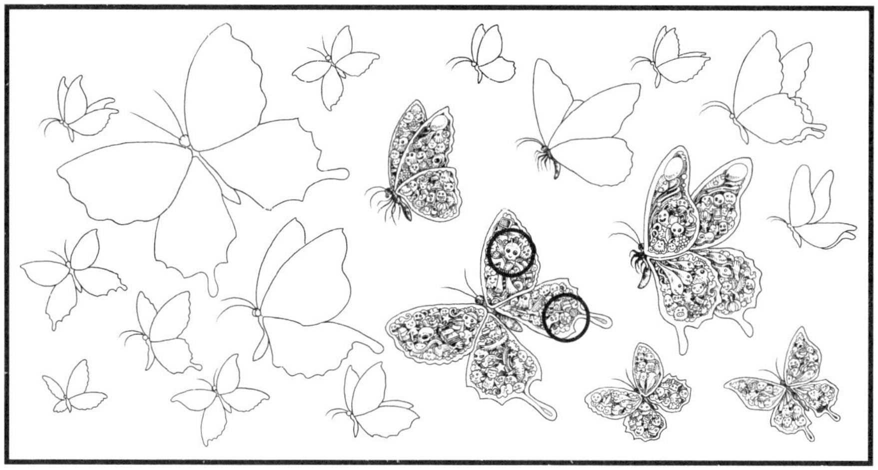

Ein Elvis-Alien und ein Basketball

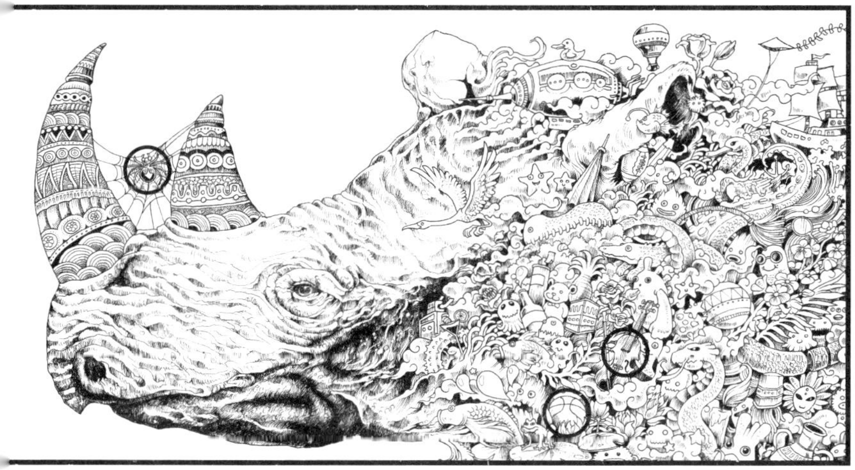

Eine große Spinne, ein Basketball und eine Geige

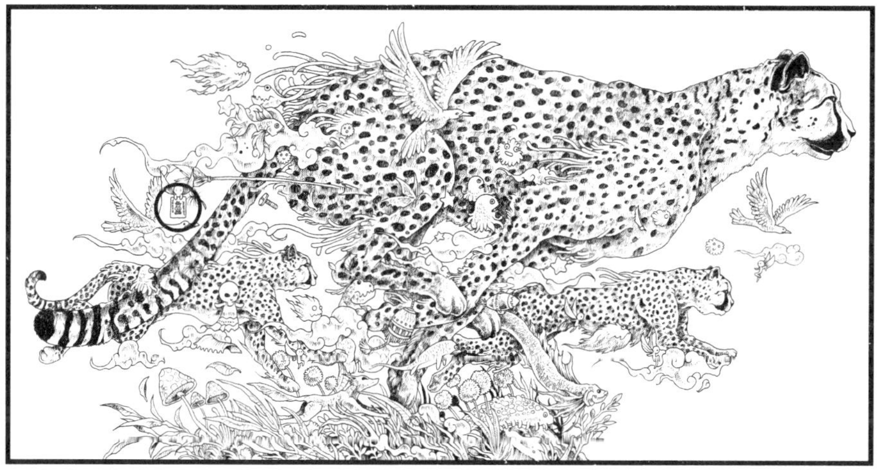

Der Joker im Kartenspiel

Ein Dinosaurierei, ein Zaubertrank, ein Kobold und eine angsteinflößende Puppe

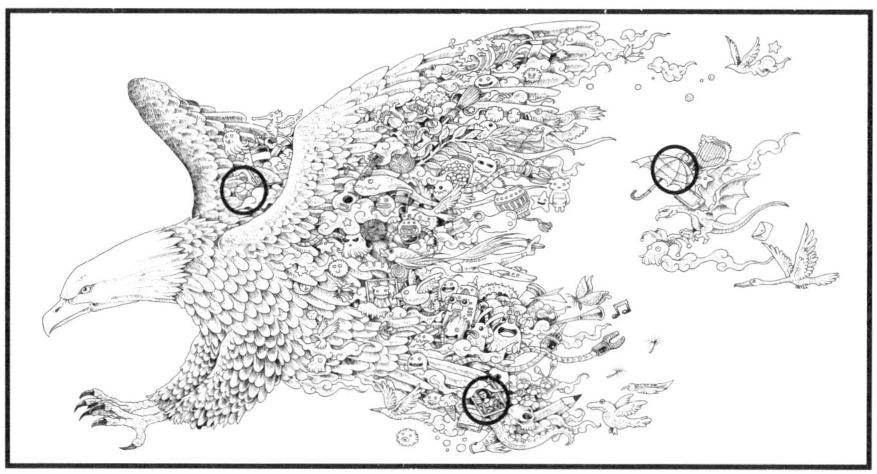

Die Mona Lisa, ein offener Schirm und ein Basketball

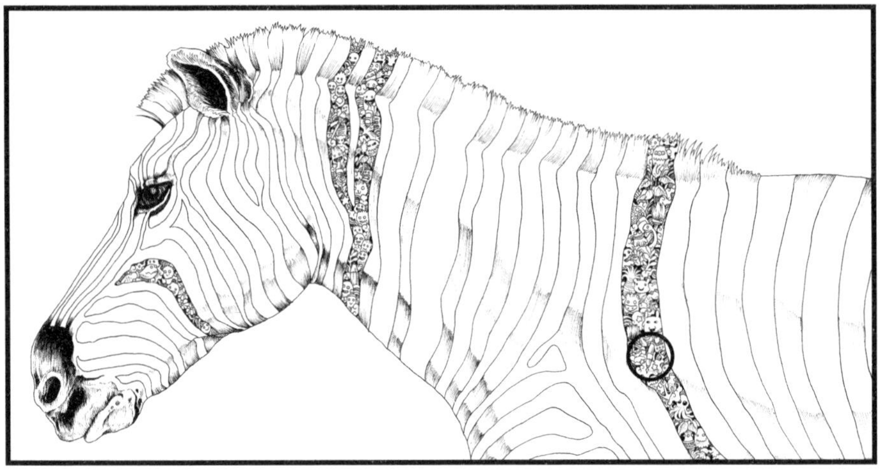

Ein Füller

Ein Alien mit Lutscher

Eine Briefmarke, ein Papierschiffchen und ein Apfelbutzen

Eine Sanduhr und ein Vampir-Alien

Ein Zauberwürfel und ein Hexen-Alien

Eine Versteinerung und eine Lupe

Das Pik-Ass, ein Fußball, ein Liebesbrief und eine Armbanduhr, getragen von einem Tier

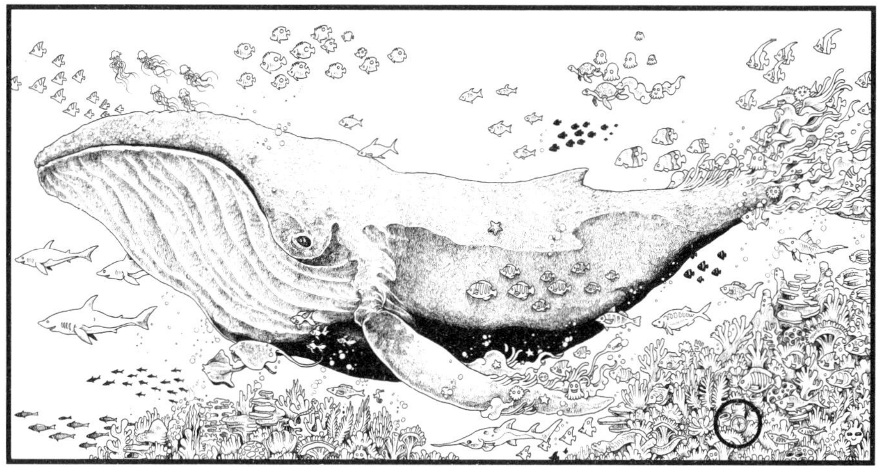

Ein Kompass

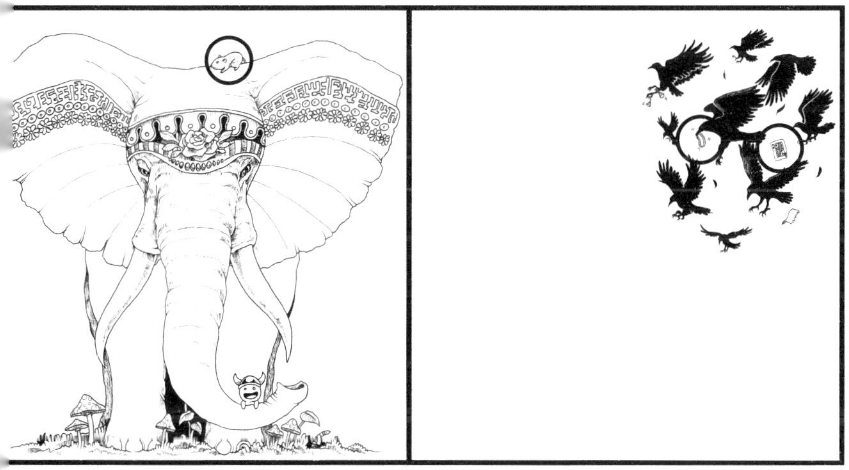

Eine Maus, der Kreuz-König und ein glitzerndes Armband

Das Kreuz-Ass, ein offener Schirm und eine Ming-Vase

Ein alter Stiefel

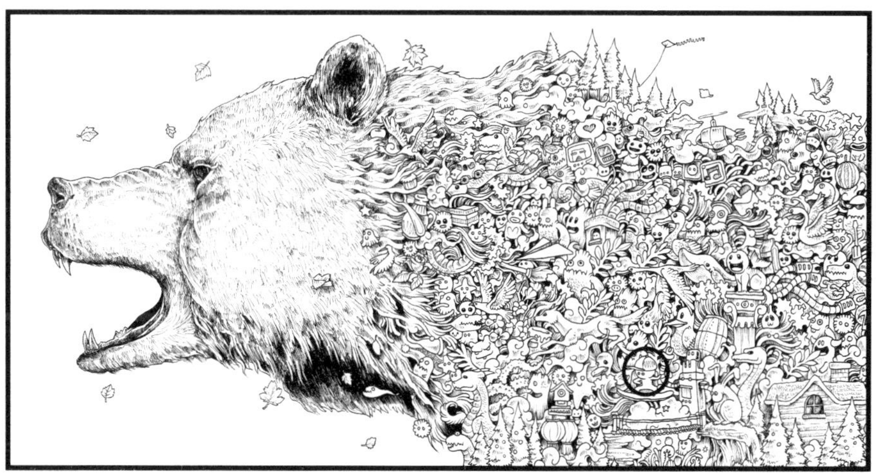

Ein surfender Alien

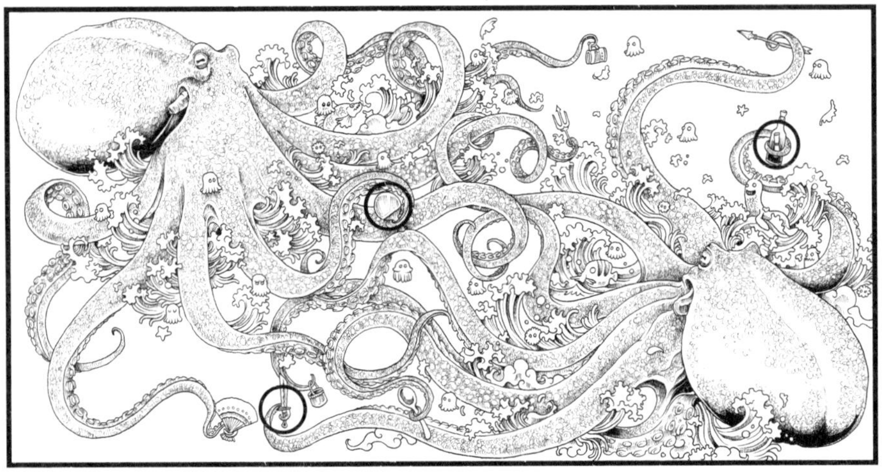

Ein Tischtennisschläger, ein Schwert und eine Flaschenpost

Eine Schatztruhe

Eine Puppe, ein Papierschiffchen, eine Socke
und ein Safeschlüssel

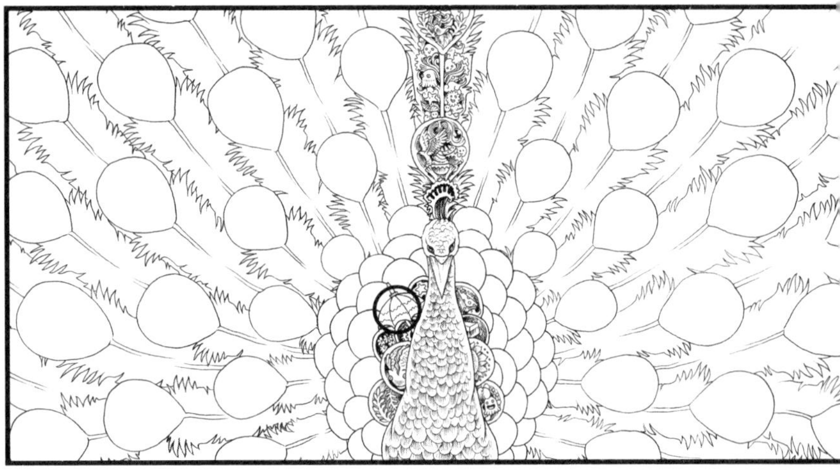

Ein offener Schirm

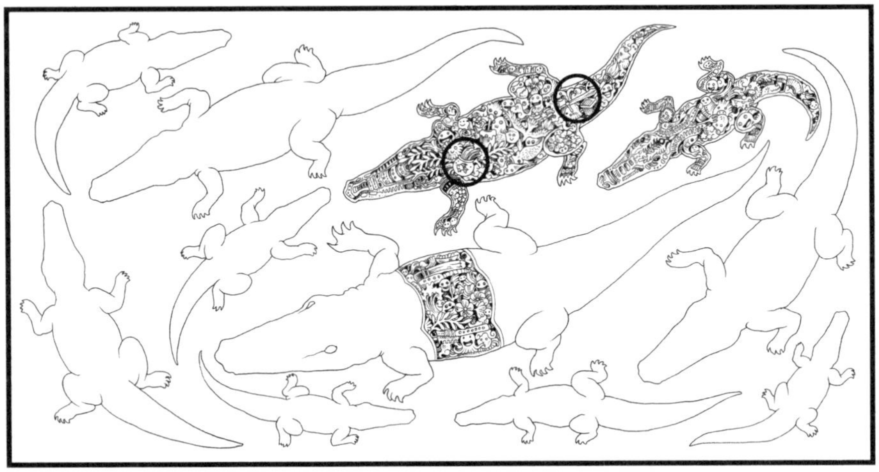

Ein Goldfisch im Glas und ein Schwert

Der König der Säugetiere, ein offener Schirm,
eine Schriftrolle, ein Basketball und ein Schwert

Der Herz-König, ein missmutiger Tausendfüßler
und eine Rakete

Die Herz-Dame, die Wurfpfeile und
ein gleitschirmfliegender Alien

Ein Papierschiffchen und eine Sonnenbrille

Der Pik-König, ein Jo-Jo und ein Basketball

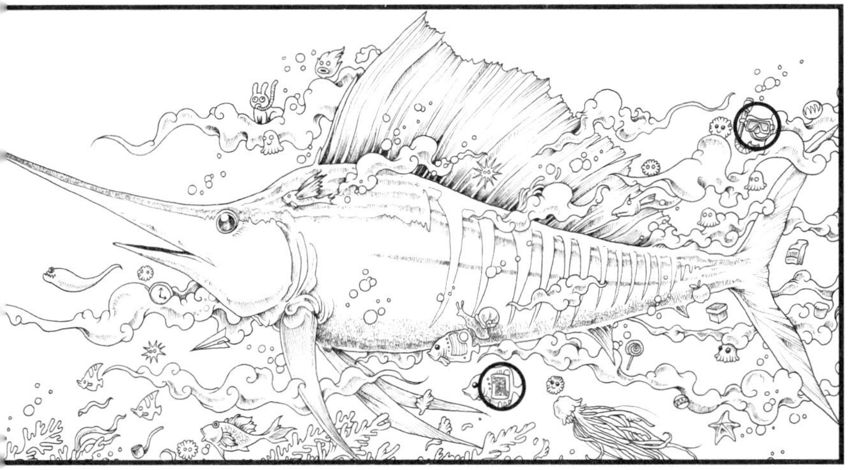

Die Karo-Dame und ein Schnorchel mit Taucherbrille

Die Kreuz-Dame, ein Zauberwürfel, ein Nussknacker
und eine Trommel mit Stöcken

Der Karo-König und ein Würfel

Die Pik-Dame und ein Piratenschiff

Der König der Kriechtiere, der Krokohund, ein altmodischer Fernseher und ein offener Schirm

Ein Tier, das mit einem Spielzeugauto spielt, und eine Schatzkiste